Konzentrations-training für Kinder

Wie Sie die Konzentration und Aufmerksamkeit Ihres Kindes spielerisch erhöhen - inkl. der besten Konzentrationsübungen

Christina Neumann

Alle Ratschläge in diesem Buch wurden sorgfältig erwogen und geprüft. Eine Garantie kann dennoch nicht übernommen werden. Eine Haftung des Autors beziehungsweise des Verlags für jegliche Personen-, Sach- und Vermögensschäden ist daher ausgeschlossen.

INHALT

Das erwartet Sie in diesem Buch

Konzentrationstraining für Kinder, geht das? Ja, das geht. Sie haben nun den ersten Schritt getan, um Ihr Kind bestmöglich zu unterstützen. Im Duden werden Sie bei dem Begriff Konzentration die Erklärung „zusammen zum Mittelpunkt" finden. Diese Definition sagt aus, dass derjenige, der konzentriert ist oder es werden möchte, im Gleichgewicht sein muss. Dieses Gleichgewicht kann aus unterschiedlichen Gründen ins Wanken geraten. Kinder müssen die Wahrnehmung dafür erst entwickeln und benötigen die Hilfe eines Erwachsenen, der sie dabei unterstützt.

Mit diesem Buch können Sie als Erwachsene lernen, die möglichen Konzentrationsblockaden Ihres Kindes zu erkennen und es zu motivieren. Die Kinder sollen mit Spaß lernen, sich zu konzentrieren. Hierbei ist es nicht wichtig, dass täglich alle Übungen aus dem „Schritte zur besseren Konzentration"-Programm ausgeführt werden. Viel wichtiger ist, dass Sie mit Ihrem Kind kommunizieren und verstehen, dass die Konzentration durch äußere und innere Einflüsse gehemmt werden kann. Sie erfahren, welche Einflüsse das Kind an der Konzentration hindern können. Außerdem erhalten Sie Tipps, wie Sie mit Störfaktoren umgehen können.

Zusätzlich erwarten Sie im Kapitel Bewegung einige Ideen und weitere Anregungen zur Konzentrationsförderung in der Natur. Sie erhalten außerdem Ernährungstipps, die ebenfalls in das „Schritte zur besseren Konzentration"-Programm integriert werden können und dieses ergänzen, denn auch die Ernährung hat Einfluss darauf, ob Konzentration besser oder schlechter gelingen kann.

Zur Konzentrationsverbesserung werden auch Geduld, Ruhe, Kraft, Aufmerksamkeit, Disziplin und

Koordination benötigt. Auch dies fließt in das Trainingsprogramm aus diesem Buch ein. Die Übungen sind leicht in den Alltag einzubauen und können beliebig oft wiederholt werden.

Sie werden eine Veränderung bei sich und Ihrem Kind feststellen. Wichtig ist es aber zu wissen, dass nicht für jedes Kind jede Methode passend ist. Hier sollten Sie mit Empathie herausfinden, welche der Übungen geeignet ist und Ihnen, aber vor allem Ihrem Kind auch Spaß macht und es fördert.

Lassen Sie sich nun inspirieren.

Konzentration

WAS BEDEUTET KONZENTRATION?

„Jetzt konzentriere dich mal." Diesen Satz haben Sie sicherlich schon zu Ihrem Kind gesagt. Je nach Alter Ihres Kindes kann es diesen Begriff aber nicht einordnen.

Zuerst einmal ist es wichtig zu wissen, wie die genaue **Definition für Konzentration** lautet.

Konzentration ist die willentliche Fokussierung der Aufmerksamkeit auf eine bestimmte Tätigkeit, das Erreichen eines kurzfristig erreichbaren Ziels oder einer gestellten Aufgabe.

Der lateinische Begriff lautet „concentra ".

Aber wie erklären Sie das Ihrem Kind? Zugegeben, diese Frage ist nicht leicht zu beantworten, aber dies könnte ein passender Ansatz sein:

Wenn Sie mit Ihrem Kind über Konzentration sprechen möchten, dann verwenden Sie Beispiele, die es aus seinen bisherigen Tätigkeiten kennt. Ein kleines Kind, das noch keine Hörspiele gehört hat, wird sich kaum etwas darunter vorstellen können, wenn Sie ihm anhand dieses Beispiels Konzentration erklären möchten. Geeigneter wäre das Beispiel mit einem Puzzle oder Memory. Sie erklären Ihrem Kind, dass es sich auf diese eine Tätigkeit, in diesem Fall das Puzzeln, konzentriert und auch, wie es vorgehen kann, indem es die Puzzleteile vorsortiert, nach Teilen mit und ohne Rand.

Das Kind kann sich dieses Beispiel vorstellen, weil es einen direkten Bezug dazu hat. Wichtig ist, dass das Kind bei einer Tätigkeit bleibt und nicht mehrere Tätigkeiten gleichzeitig beginnt. Wenn es sich für ein Puzzle entschieden hat, kann es dieses Puzzle zu Ende puzzeln oder eine Pause machen. Es sollte keine weiteren Spielsachen ausräumen, weil dies häufig nur zu einer Reizüberflutung führt und die Spielsachen durch das Zimmer fliegen, statt bespielt werden.

Es wird sicher kein Kind geben, dass nur eine Spielsache ausräumt und nach dem Spielen sofort wieder einräumt, aber Sie können mit Ihrem Kind trainieren, dass es maximal drei unterschiedliche Spielsachen ausräumt und zwischen diesen Spielsachen entscheidet, womit es spielen möchte. Wenn es ein Spiel beendet hat, wird diese Sache zur Seite gelegt, sodass sich das Kind nur mit dem Spiel beschäftigt, das es gerade vor sich hat. Dafür benötigen Sie Übung und auch etwas Geduld. Reagieren Sie gelassen und bleiben Sie geduldig, auch wenn es nicht auf Anhieb funktioniert.

Sogar beim Zimmer-Aufräumen können Sie Ihrem Kind verständlich machen, was Konzentration ist. Jedes Spielzeug hat seinen Platz und wenn die Spielsachen auf dem Boden verteilt liegen, sollten Sie mit kleineren Kindern gemeinsam die Spielsachen sortieren und klar formulieren, wo welche Spielsachen Ihren Platz haben. Hierbei wird gleichzeitig das Ritual erlernt, dass das Zimmer nach dem Spielen auch wieder aufgeräumt werden muss. Die Kinder lernen so auch die Unterscheidung, welche Spielsachen wo ihren Platz haben. Der positive Nebeneffekt hierbei ist, dass die Zeit anstatt zur Suche bereits für ein neues Spiel oder Lernen genutzt werden kann. Sie kennen das sicher auch, wenn Sie Ihre Sachen an den festen Platz zurückgelegt haben, sparen Sie sich die Zeit für die Suche. Ein

Schlüssel, der immer an das Schlüsselbrett gehängt wird, muss nämlich nicht gesucht werden.

Beantworten Sie für sich diese Fragen, um Ihr persönliches Ziel festzulegen:

- **Was möchten Sie verbessern?**

- **Wie viel Zeit können Sie dafür aufwenden?**

- **Wie können Sie Ihr Kind unterstützen?**

Studien ergaben folgende Konzentrationsdauer bei Kindern:

Kindesalter	Durchschnittliche Konzentrationsdauer
5 - 7	bis 15 Minuten
7 - 10	bis 20 Minuten
10 - 12	bis 25 Minuten
12 - 16	ca. 30 Minuten

BESONDERE STÖRFAKTOREN DER KONZENTRATION BEI KINDERN

Auf die Konzentration können viele Störfaktoren wirken. Diese werden unterteilt in die äußeren und die inneren Einflüsse. Hierbei ist es wichtig zu verstehen, dass einige äußere Umstände temporär, also zeitlich begrenzt, und leider auch in manchen Fällen nicht beeinflussbar sind. Man muss lernen, mit der Situation umzugehen und trotz aller Umstände die Übungen nicht zu vernachlässigen, um das Ziel erreichen zu können.

Sie sollten die Störfaktoren nicht ignorieren, aber sich selbst davon ebenfalls nicht aus der Ruhe bringen lassen.

Für ein besseres Verständnis lohnt es sich, einen Blick auf das bekannte 4-Seiten-Modell von Prof. Dr. Friedemann Schulz von Thun zu werfen. Das Kommunikationsmodell beinhaltet Sender und Empfänger. Der Sender ist derjenige, der etwas sagt, und der Empfänger ist derjenige, der die Nachricht erhält.

Dieses Modell ist eines der bekanntesten Modelle aus der Kommunikationspsychologie. Kurz zusammengefasst sind hiermit die vier Kommunikationsebenen oder auch Kommunikationsaspekte gemeint. Jede Aussage, die getroffen wird, beinhaltet diese vier Ebenen, nämlich die Sachebene, Selbstauskunft, Beziehungsebene und Appellebene. Auf der Sachebene wird klar formuliert, was ausgesagt werden soll. Je klarer und deutlicher die Formulierung, desto besser kann Ihr Kind verstehen, was Sie aussagen möchten.

Über die Selbstauskunft gibt derjenige, der etwas sagt, etwas von sich preis. Die Beziehungsebene zeigt Ihnen an, wie die Personen, die miteinander sprechen, zueinanderstehen.

Als Appellebene bezeichnet man die Aufforderung oder Anweisung, etwas zu tun. Wie die jeweilige Nachricht beim Empfänger ankommt, wird durch das ergänzende Modell der 4-Ohren deutlich. Ein weiterer Begriff für dieses Modell lautet Nachrichtenquadrat. Hier kann die Nachricht auf einer der vier genannten Ebenen verstanden werden. Diese sind wie auch bei dem 4-Seiten-Modell die Sachebene, Selbstauskunft, Beziehungsebene und Appellebene.

Um Ihnen ein konkretes **Kommunikationsbeispiel** zu geben, eignet sich die folgende bekannte Situation, aus dem Hauptwerk „Miteinander Reden" von Friedemann Schulz von Thun.

Ein Paar sitzt im stehenden Auto vor einer Ampel. Der Mann sitzt auf dem Beifahrersitz und sagt: „Du, die Ampel ist grün."

Darauf antwortet die Frau: „Fahre ich oder du?"

Um dieses Beispiel auf die Kommunikation mit Ihrem Kind zu übertragen, sollten Sie darauf achten, wie Sie etwas zu Ihrem Kind sagen. Von den Kindern kann eine Aussage schnell als Appell verstanden werden, was anschließend in einer Trotzreaktion endet.

Achten Sie darauf, bevor Sie mit den Übungen starten, dass Sie und Ihr Kind Spaß haben. Natürlich müssen vorher die Grenzen gekennzeichnet werden, aber es sollte nicht zu streng angegangen werden.

Je nach Alter des Kindes können Sie mit ihm auch einige Kommunikationsbeispiele besprechen. Schulkinder interessieren sich meistens für diese Thematik und auch im Zeitalter der Digitalisierung trifft *„Man kann nicht nicht kommunizieren"* von **Paul Watzlawick** noch immer zu.

ÄUßERE EINFLÜSSE AUF DIE KONZENTRATION

Die äußeren Einflüsse können beeinflussbar oder nicht beeinflussbar sein. Hierbei ist es wichtig, eine Aufnahme der Ist-Situation zu machen. Wenn zum Beispiel eine Baustelle für mehrere Wochen vor dem Zimmer ist, in dem sich konzentriert werden soll, wird es in erster Linie für diese Zeit lauter als unter normalen Umständen. Diese Baustelle ist ein Faktor, der nicht beeinflussbar ist, aber meistens zum Glück zeitlich begrenzt.

Weitere **Faktoren, die nicht beeinflussbar sind**, können **Tiere, Fußgänger, Fahrzeuge auf der Straße** etc. außerhalb der Räume sein. Hier sollte überlegt werden, wie man mit diesen Störungen oder kurzen Ablenkungen umgehen kann. Tipps dazu erhalten Sie im Verlauf des Buches.

Weitere **äußere Einflüsse, die beeinflussbar sind**, können **Geräusche im Haus oder der Wohnung**, ein **unordentlicher Schreibtisch, Poster** an den Wänden, **Hörspiele, Musik oder kleinere Geschwister**, die immer wieder ins Zimmer kommen, sein.

Wenn das Kind in der Küche sitzt und dort zum Beispiel einen Text vorlesen soll, während die Spülmaschine vor sich hin klappert, wird den meisten Kindern das Lesen schwerfallen. Eine bessere Alternative dazu ist, für das Lesen ins Kinderzimmer oder auf das Sofa auszuweichen.

Ein **unordentlicher Schreibtisch** mit mehreren Stapeln aus Bildern und Büchern lenkt das Kind ab, weil es in erster Linie keinen Platz hat, um dort seine Aufgaben zu erledigen. In zweiter Linie regen die Bilder das Kind an, diese auszumalen, und animieren es dazu, etwas spielen zu wollen.

Die **Poster an den Wänden** lassen die Blicke des Kindes kreisen, es schaut sich die Poster seiner Lieblingsserie an und es denkt an die Szenen daraus. Durch diese Ablenkung fällt es dem Kind schwerer, wieder in die Aufgabe zu finden.

Hörspiele regen Kinder oft zum Mitmachen an, weil sie häufig Lieder enthalten und auch besondere Szenen, die sich die Kinder gut merken. Schon nach wenigen Malen warten die Kinder gespannt auf genau diese Stelle im Hörbuch. So gibt es kaum eine Möglichkeit, den Fokus auf die eigentliche Aufgabe zu legen. Konzentration ist somit nicht möglich. Deshalb sollten keine Hörspiele gehört werden, wenn das Kind beispielsweise seine Matheaufgaben zu erledigen hat.

Musik mit Text ist ebenfalls nicht geeignet, um die Konzentration bei den Aufgaben in Mathe oder Deutsch aufrechtzuerhalten. Das Kind hört auf den Text der Musik und benötigt so für einen Satz die doppelte oder dreifache Zeit. Bei Berechnungen sind die Flüchtigkeitsfehler so schon sicher.

Die **kleineren Geschwister** können in den Pausen gern in das Kinderzimmer hinzukommen. Während der Konzentrationsphasen sollten die Kleinen in ihrem eigenen Zimmer oder in einem anderen Zimmer sein. Die kleineren Geschwister können dies lernen, auch wenn es anfänglich nicht sofort funktioniert. Erklären Sie es dem Geschwisterkind und Sie werden feststellen, dass auch schon beispielsweise Dreijährige hierfür Verständnis entwickeln können.

INNERE EINFLÜSSE AUF DIE KONZENTRATION

Zu den inneren Einflüssen auf die Konzentration gehört selbstverständlich die **Tagesform**. Es ist nicht jeder Tag gleich. Vielleicht ist man schon buchstäblich mit dem „falschen Fuß" aufgestanden.

Erlebnisse, die besonders schön oder besonders ärgerlich waren, müssen verarbeitet werden und können sich entsprechend positiv oder negativ auf die Konzentration auswirken.

Wann ging das Kind am Vorabend ins Bett oder hat es lange Zeit benötigt, um einzuschlafen?

Die Antwort auf diese Frage spiegelt häufig auch die Fähigkeit sich zu konzentrieren wider.

Auch die **Ernährung** hat Einfluss auf die Konzentration.

Wenn ein Kind sich mit knurrendem Bauch und entsprechendem Hungergefühl konzentrieren soll, wird daraus mit an Sicherheit grenzender Wahrscheinlichkeit nichts. Das Grundbedürfnis des Kindes, in diesem Fall etwas zu essen, sollte wahrgenommen werden. Nach dem Essen oder einem kleinen Snack wird das Kind zufriedener sein und die Grundlage zur Konzentration ist geschaffen.

Nicht zu unterschätzen ist, wenn die **Zimmertemperatur** nicht optimal ist. Ein zu kalter oder warmer Raum hemmt die Konzentrationsfähigkeit. Die Kleidung sollte in diesem Fall angepasst werden und es sollte darauf geachtet werden, dass sie bequem ist.

Um die Zimmertemperatur angenehm zu gestalten, sollten Sie regelmäßig lüften. In einer Stunde können Sie das Fenster beispielsweise viermal für jeweils 5 Minuten öffnen. Das Fenster gekippt lassen, wäre eine weitere Möglichkeit. Dass Sie ein Dachfenster bei Regen nicht öffnen, ist natürlich klar. Wenn es nicht stark regnet, können Sie das Fenster einen kleinen Spaltbreit öffnen. Bei starkem Regen ist das allerdings nicht möglich. In diesem Fall wäre die Zimmertür geöffnet zu lassen eine gute Alternative.

Ausreichend Flüssigkeit in Form von Wasser oder Saftschorlen und eine gesunde Ernährung wirken sich positiv auf die Konzentration jedes Menschen aus. Besonders bei Kindern gilt: **weniger Zucker = bessere Konzentration.**

UMGANG MIT STÖRFAKTOREN

Einige der bereits genannten äußeren Störfaktoren können nicht beeinflusst werden.

Wichtig ist es, darüber zu reden und dem Kind verständlich zu machen, dass es zum Beispiel die Baustelle vor dem Haus akzeptieren muss. Das geht einfacher, wenn Sie sich selbst davon nicht aus der Ruhe bringen lassen. Hier kann man sich als Pause die Baustelle anschauen und mit dem Kind über die Fahrzeuge und Geräte sprechen. So versteht das Kind, dass gewisse Geräte laut sind und warum. In diesem Fall könnten die Hausaufgaben auf den späten Nachmittag oder Abend verlegt werden. Gegen 16 Uhr ist meistens auf den Baustellen Feierabend und die Baumaschinen sind abgestellt.

Einige Kinder brauchen zum Beispiel Musik, um sich zu konzentrieren. Die leise Melodie im Hintergrund ist dann nicht konzentrationshemmend, sondern eher förderlich. Es sollte nur Musik mit Melodie und ohne Text gehört werden, weil das Kind sich sonst zu sehr auf den Text konzentriert, aber beispielsweise nicht auf den Text, den es aufschreiben soll. Sie können mit Ihrem Kind eine gemeinsame Playlist mit Melodien erstellen, die ihm gefallen. Ideal hierfür sind insgesamt

60 Minuten. Natürlich gibt es bereits viele CDs oder MP3s mit Melodien. Die eigene Playlist ist aber etwas ganz Besonderes und eine zusätzliche Motivation für Ihr Kind, die Zeit dieser Melodien effektiv zu nutzen. Nach einigen Monaten können Sie gemeinsam eine neue Playlist erstellen. Vorschläge hierzu sind Melodien passend zu den vier Jahreszeiten. Bei kleineren Kindern sehr beliebt sind Meeresrauschen oder auch Walgesänge.

Konzentrationsunterstützend können Melodien wirken, die im Hintergrund leise abgespielt werden, während das Kind Hausaufgaben erledigt. So wird es allgemein ruhiger und ist nicht abgelenkt von möglichen äußeren Störfaktoren, die nicht veränderbar sind.

Auch, welche Art von Lerntyp das Kind ist, hängt unmittelbar mit dem Thema zusammen, was als Störfaktor angesehen werden kann. Um Ihnen dies zu verdeutlichen, bleiben wir bei dem Thema Baustelle.

Manche Kinder werden die Baustellengeräusche nicht wahrnehmen, andere Kinder werden voraussichtlich nur am Fenster stehen und wollen am liebsten auf der Baustelle mithelfen. Dies hängt auch von den Interessen Ihres Kindes ab und wie Dinge wahrgenommen werden.

• Was stört Sie, wenn Sie sich konzentrieren möchten?

- Wie gehen Sie selbst mit Störfaktoren um?

- Gibt es eine bestimmte Tageszeit, zu der Sie sich am besten konzentrieren können?

- Bevorzugen Sie Ruhe oder fällt es Ihnen leichter, sich mit einer Hintergrundmelodie zu konzentrieren?

Wenn Sie die Fragen für sich beantwortet haben, wird es Ihnen leichter fallen, zu verstehen, warum sich Ihr Kind besser oder schlechter konzentrieren kann. Sie können es so unterstützen, mit den Störfaktoren besser umzugehen und die passende Tageszeit für das Konzentrationstraining zu ermitteln.

Lerntypen

Bevor Sie mit dem Konzentrationstraining beginnen, ist es wichtig, zu wissen, zu welchem Lerntyp Ihr Kind gehört. Es werden die folgenden **vier Lerntypen** unterschieden:

Visuell = sehen, lesen, Bilder

Auditiv = hören und sprechen

Kommunikativ = sprechen

Motorisch = selbst durchführen.

Wie Sie sich sicher vorstellen können, ist das nur die Theorie. In der Praxis gibt es kaum jemanden, auf den die typischen Merkmale eines Lerntyps zutreffen. Es sind immer Mischlerntypen. Eine ungefähre prozentuale Verteilung der Lerntypen lässt sich leicht mit Tests herausfinden.

Sie können für die Feststellung des Lerntyps verschiedene Tests online finden, um Ihr Kind besser einzuordnen und die Übungen aus diesem Buch entsprechend für Ihr Kind auszuwählen. Einen Test für Schulkinder gibt es auf der Seite https://das-lernen-lernen.jimdofree.com/ . Es gibt zahlreiche weitere Selbsttests, die Sie leicht mithilfe einer Suchmaschine mit dem Begriff „Lerntypentest" finden können.

Ein **visueller Lerntyp** muss alles, was er sich merken möchte, sehen oder lesen. Für diesen Lerntyp wird eine Kombination aus Bildern und Texten mit sehr hoher Wahrscheinlichkeit einprägend sein. Für diesen Lerntyp ist es ebenfalls wichtig, sich selbst Notizen oder Skizzen anzufertigen. Auch Diagramme und Bilder dienen zum besseren Verständnis. Ein Kind, das sich nur auf auditive, durch Hören, Inhalte konzentrieren soll, wird so über einen längeren Zeitraum Konzentrationsprobleme bekommen.

Ein **auditiver Lerntyp** lernt durch Hören und Sprechen. Für diesen Lerntyp eignen sich Hörbücher oder Bücher, die sie vorgelesen bekommen. Vorteil beim Vorlesen ist, dass gleich Fragen gestellt werden können, um zu testen, ob das Gehörte auch verstanden wurde und in eigenen Worten wiedergegeben werden kann. Daraus können Sie auch ein Spiel machen, indem Sie Aussagen zu dem gelesenen Text machen und das Kind zuordnen soll, ob diese Aussagen wahr oder falsch sind. Zuvor kann eine Liste erstellt werden und je nachdem, wie viele Aussagen richtig zugeordnet werden konnten, erhält das Kind eine Belohnung.

Ein **kommunikativer Lerntyp** lernt am besten in Lerngruppen. Es ist für diesen Lerntyp wichtig, mit anderen über Themen zu sprechen und zu diskutieren. Wenn Ihr Kind zu diesem Lerntyp gehört, ist es wichtig, dass Sie darauf achten, dass es sich nicht in Details verliert, sondern bei den Kernthemen bleibt. Sonst kann es leider schnell dazu führen, dass es bei Tests heißt, dass das Thema verfehlt wurde. Sie können hierbei zusammen herauszufinden, was die wichtigsten Punkte für vorgegebene Themen sind. Als Beispiel könnten Sie einen Tag im Wald zusammen planen. Das Kind erarbeitet mit Ihnen zusammen, was wichtig ist. Sie überlegen zusammen, wie vorzugehen ist, und können so eine Art Leitfaden für Ihre zukünftigen Ausflüge erstellen. Kinder lieben es, einbezogen zu werden, und Sie erhalten so auch eine neue Sicht auf die Dinge.

Ein **motorischer Lerntyp** lernt am besten, indem er etwas tut. Ein Beispiel hierfür wäre das Puzzeln bei Kindern oder etwas zusammenzubauen. Über die einzelnen Schritte wird sich Gedanken gemacht und diese werden im Anschluss ausgeführt. Für diesen Lerntyp eignen sich auch Rollenspiele und wie schon beim kommunikativen Lerntyp erwähnt die Lerngruppen. In einer solchen Lerngruppe profitieren alle Beteiligten und jeder kann seine Stärken einbringen. Ein selbst gebasteltes Lernplakat hilft dem motorischen Lerntypen ebenfalls, sich Dinge besser zu merken und sich darauf zu konzentrieren.

Lerntypen	Merk-mal I	Merk-mal II	Merk-mal III	Merk-mal IV
visuell	Lesen	Notizen	Bilder	Diagramme
auditiv	Hören	Hörbücher	Sprechen	Laut lesen
kommunikativ	Lerngruppen	Referate	Gruppendiskussionen	Fragen stellen
motorisch	Lerngruppen	Rollenspiele	Experimente	Zusammenhänge verstehen

Einige Tipps, wie Sie Lerngruppen bilden können:

• Fragen Sie andere Eltern, ob das Kind sich ähnlich verhält oder lerntypische Merkmale aufweist.

• Verabreden Sie sich einmal pro Woche zum gemeinsamen Hausaufgaben-Machen.

• Natürlich sollte das andere Kind „Freund" des eigenen Kindes sein. Kinder, die sonst nicht zusammenspielen, werden sonst Schwierigkeiten haben, sich zu konzentrieren.

Schritte zur besseren Konzentration

Das „Schritte zur besseren Konzentration"-Programm, über das Sie im Folgenden mehr erfahren werden, sollte den Kindern in erster Linie Spaß machen und sie so motivieren. Ein Kind, das sich zu Dingen gezwungen fühlt, wird nicht motiviert und auch nicht konzentriert sein können.

Es müssen nicht immer die großen Schritte sein. Manchmal sind viele kleine Schritte viel effektiver –

mit kleinen Schritten zu mehr Konzentration gelangen. Starten Sie mit den Übungen, die Sie sich für Ihr Kind gut vorstellen können.

Probieren Sie aber auch die Übungen aus, die Sie anfangs abschrecken. Die Erfahrung hat gezeigt, dass besonders Dinge, denen man anfangs skeptisch gegenübersteht, einen nachhaltigen positiven Effekt haben können.

MIKADO SPIELEN

Mit Kindern gemeinsam Mikado zu spielen, fördert die Geduld, Ausdauer und letztendlich auch die Konzentration. Für das Spiel können die klassischen Mikado-Holzstäbe aus dem Spielwarenladen verwendet werden oder zur Auflockerung die essbaren Mikado-Stäbe. Hiermit ist dann auch gleich die Belohnung integriert und die Kinder werden überrascht sein.

Wer keine klassischen Mikado-Stäbe hat, kann auch beispielsweise Schaschlik-Spieße verwenden.

Wann haben Sie das letzte Mal Mikado gespielt?
Es fördert die Geduld, Ruhe, ruhige Bewegung, Ausdauer und somit auch die Konzentration.

ICH SEHE WAS, WAS DU NICHT SIEHST

Ein Spiel, das jeder kennt und problemlos in den Alltag einzubauen ist. Das Kind konzentriert sich besonders, wenn Sie einen Gegenstand aussuchen. Es lernt so, die richtigen Fragen zu stellen und seine Umgebung aufmerksam wahrzunehmen. Wenn Sie zusammen draußen unterwegs sind, kann das Kind so auch zusätzlich spielerisch lernen, welche unterschiedlichen Dinge sich um es herum befinden.

Wichtig ist trotzdem, dass Sie sich bei diesem Spiel abwechseln und natürlich auch das Kind sich einen Gegenstand aussuchen kann, den es Sie erraten lässt. Zuvor sollten die Spielregeln festgelegt werden.

ICH PACKE MEINEN KOFFER

Das bekannte und bei Kindern immer wieder sehr beliebte Spiel „Ich packe meinen Koffer" fördert die Konzentration, weil genau zugehört werden muss, welches Wort genannt wird.

An dieser Stelle möchte ich Ihnen weitere Möglichkeiten vorschlagen, um das Spiel abzuwandeln und so interessanter zu gestalten:

Statt nur die Begriffe zu nennen, können Sie gemeinsam mit den Kindern Karten gestalten, auf denen die Wörter bildlich dargestellt oder aufgeschrieben werden. Diese Karten können aus festerem Karton sein. Für ein längeres Spielvergnügen laminieren Sie die Karten oder verwenden eine Klebefolie. So ist es nicht weiter schlimm, wenn mal ein Glas umkippt oder die Kinder noch etwas an den Fingern kleben haben. Die Karten sind abwaschbar und können in einer kleinen selbst verzierten oder gebastelten Box verstaut werden.

Der Ablauf des Spiels ist leicht verständlich:

Die selbst gestalteten Karten werden nun verdeckt auf den Tisch gelegt und nacheinander gezogen. Nachdem eine Karte aufgedeckt wurde, wird das Wort laut vorgelesen oder der passende Begriff des Bildes genannt. Diese gezogene Karte wird danach wieder umgedreht und es folgt die nächste Karte.

Schon bei der Vorbereitung müssen sich die Kinder konzentrieren, weil überlegt werden muss, welche Worte bildlich dargestellt werden sollen oder wie das jeweilige Wort geschrieben wird. Es lohnt sich am Anfang, Karten mit 20 bis 30 Begriffen zu gestalten.

Wie viele Begriffe können Sie sich in der richtigen Reihenfolge merken?

Machen Sie daraus einen Wochenplan und steigern Sie Ihre Konzentration gemeinsam mit Ihrem Kind.

Positiver Nebeneffekt: Schon früh kann der Umgang mit den Karten auch als Lernhilfe für die Schule erlernt werden (Matheformeln, Physik, Vokabeln etc.)

ALPHABET-SPIEL

Beim Alphabet-Spiel wird das Kind gefragt, welcher Buchstabe Vorgänger oder Nachfolger eines bestimmten Buchstaben ist. Zu dem genannten Buchstaben können wie bei dem Spiel Stadt-Land-Fluss verschiedene Begriffe genannt werden. Für kleinere Kinder kann die Variante mit Städten zu schwierig sein. Um hier keine Frustration auszulösen, können die Kinder zum genannten Buchstaben Tiere, Spielfiguren, Spielsachen oder Pflanzen nennen. Das ist für kleinere Kinder meistens einfacher und die Motivation bleibt durch richtige Antworten erhalten.

Das beschriebene Spiel kann auch mit Zahlen gespielt werden. Hierbei wird nach dem Vorgänger oder Nachfolger einer bestimmten Zahl gefragt. Bei größeren Kindern können hierbei auch kleine

Rechenaufgaben gestellt werden. Sie können Additionsaufgaben (Plusaufgaben) oder Subtraktionsaufgaben (Minusaufgaben) eines vorab definierten Zahlenraums verwenden. So werden das Zuhören und die Aufmerksamkeit geschult.

Kennen Sie das Alphabet-Spiel? Nein, dann sollten Sie es unbedingt ausprobieren. Es ist gar nicht so leicht, aber mit hohem Spaßfaktor.

Falls es Ihnen doch zu leichtfällt, dann nehmen Sie eine Stopp-Uhr dazu und wecken so den Ehrgeiz Ihres Kindes.

Ein weiterer Tipp ist das Rückwärts-Buchstabieren. Die Kinder sollen hierbei ihren Namen rückwärts buchstabieren und nennen das sich ergebende Wort im Anschluss. Nach dem Namen können beliebige weitere Wörter wie verschiedene Tiere oder Gegenstände rückwärts buchstabiert und genannt werden. Ein Spiel mit großem Spaßfaktor!

MANTRA-ÜBUNG

Nein, hier gibt es keinen Yoga- oder Meditations-Crashkurs; diese Übung soll der Entspannung dienen und das Bewusstsein fördern.

Das Kind legt sich bequem auf den Rücken. Die Rückenlage kann auf dem Bett, einem Sofa oder einer Matte auf dem Boden stattfinden. Wichtig für diese Übung ist, dass das Kind nicht verkrampft liegt, sondern diese Liegeposition als angenehm empfindet. Möglich ist, dass das Kuschelkissen oder das Lieblingskuscheltier bei der Übung dabei ist.

Bevor Sie mit der Übung beginnen, fragen Sie das Kind, ob es nun wirklich bequem liegt, und geben Sie eine Zeit für die Übung vor. Diese Zeitvorgabe ist wichtig, um die Aufmerksamkeit auf die Übung zu lenken. Nachdem Sie die Zeit vorgegeben haben, erklären Sie dem Kind kurz, worauf es dabei ankommt.

Das Kind soll dreimal tief durch die Nase ein und den Mund ausatmen und dann beginnen, zu erzählen, was ihm durch den Kopf geht.

Bei dieser Übung ist zu berücksichtigen, dass es rundherum ruhig sein sollte. Melodien ohne Text können je nach Befinden gern verwendet werden. Das Kind kann sonst leicht abgelenkt werden und konzentriert sich nur auf den Text des Liedes. So wird ihm nichts einfallen, was es erzählen kann, sondern möglicherweise laut mitsingen.

Natürlich sollte die Tageszeit ebenfalls für die Übung berücksichtigt werden. Am Vormittag sollte die

Zeit entsprechend kürzer vorgegeben werden, wenn Termine anstehen.

Am Nachmittag kann etwas mehr Zeit eingeplant werden. Zu dieser Zeit hat das Kind schon einiges erlebt und es kann die Erlebnisse erzählen. Am Abend eignet sich ebenfalls eine längere Zeitvorgabe. Das Kind wird erfahrungsgemäß viel zu erzählen haben. Diese Zeit sollten Sie sich nehmen.

Unabhängig von der Tageszeit sollten auch Sie sich ausschließlich dafür die Zeit nehmen und dabei nicht an Ihren nächsten Termin denken oder was Sie danach noch „unbedingt" erledigen müssen.

Wenn Sie feststellen sollten, dass Ihr Kind sehr unruhig ist, gibt es eine weitere Variante der Mantra-Übung: Lassen Sie Ihr Kind eine für es angenehme Position finden. Das kann im Sitzen oder Liegen sein. Erklären Sie währenddessen, dass es schätzen soll, wie lange 30 Sekunden, 1 Minute oder 5 Minuten sind. Ältere Kinder werden möglicherweise anfangen, leise für sich zu zählen, so erhalten sie ein genaues Ergebnis.

Ziel dieser Übung ist es, für eine ausgleichende Entspannung zu sorgen. In der aktuellen schnelllebigen Zeit ist es wichtig, dass Kinder ein Empfinden für Ihre benötigten Pausen entwickeln können.

Während solcher Entspannungsübungen lernen sie, achtsam zu sein.

VERANTWORTUNG FÜR ETWAS ÜBERNEHMEN

Sprechen Sie mit Ihrem Kind darüber, wofür es Verantwortung übernehmen möchte. Ideal auch schon für die Kleinsten, im Alter ab zwei Jahren, ist eine **Zimmerpflanze**. Diese Pflanze wird mit dem passenden Übertopf zusammen ausgesucht. Als weiterer Schritt sollten Sie sich für den richtigen Standort entscheiden. Es gibt Pflanzen, die auch direkt im Kinderzimmer einen Platz finden können und keinen Sauerstoff aus der Raumluft ziehen.

Besonders geeignet für Kinder sind **Sukkulenten**. Die Minikakteen benötigen nicht viel Wasser und sind auch ohne Stacheln zu erwerben. Da diese Pflanzen aufgrund ihrer Größe verhältnismäßig wenig Platz benötigen, lohnt es sich, hier gleich zwei oder drei aufzustellen. Da es auch einige wenige giftige Arten von Sukkulenten gibt, sollten Sie sich beim Kauf gezielt danach erkundigen, welche Art ungiftig ist. Die Minikakteen sind besonders pflegeleicht, weil sie nur einmal im Monat gegossen werden müssen.

Wer eine etwas größere Pflanze aufstellen möchte, kann sich für das **Zyperngras** entscheiden. Es ist pflegeleicht, da es auch mal etwas zu viel Wasser verzeiht.

Pflegeintensiver sind die **Orchideen**. Diese eignen sich für größere Kinder und sie sollten vorab sorgfältig auswählen, an welcher Stelle im Kinderzimmer Sie die Pflanze aufstellen möchten. Orchideen benötigen bis zu zweimal pro Woche Wasser.

Checkliste Zimmerpflanzen

• Welche Pflanze ist für das Kinderzimmer geeignet?

• An welcher Stelle soll die Pflanze aufgestellt werden?

• Wie häufig muss die Pflanze gegossen werden?

Erstellen Sie hierfür gemeinsam einen Plan, an welchen Tagen die Pflanze gegossen werden muss.

Kleinere Kinder lernen so auch die Wochentage und wie viele Tage die unterschiedlichen Monate haben.

Wenn Ihr Kind lieber im Freien ist und Sie den nötigen Platz haben, können Sie zusammen ein **Hochbeet** bauen oder direkt **im Garten ein „Kinderbeet" anlegen** und für dieses die passenden Pflanzen aussuchen. Hierbei lernen die Kinder die verschiedenen Schritte, die nötig sind, um das Beet bepflanzen zu können, und welche Aufgaben es gibt, bis etwas aus dem eigenen Beet geerntet werden kann. Darüber hinaus lernt es auch, dass es nicht selbstverständlich ist, dass dort etwas wächst. **Geeignet** und besonders beliebt **für Kinderbeete sind Erdbeeren, Karotten und Himbeeren.** Im Idealfall **Gemüse oder Obst, das auch direkt aus dem Beet gegessen werden kann.**

Checkliste Hochbeet

• Wo wird das Hochbeet aufgestellt?

• Welche Materialien werden zum Bau benötigt?

• Was soll in das Hochbeet gepflanzt werden?

• Wie viel Zeit wird der Bau in Anspruch nehmen?

• Gibt es Besonderheiten, die beachtet werden sollten?

Es gibt zahlreiche Möglichkeiten, wie Sie das Hochbeet bauen können. Zu beachten ist, dass das Beet nicht zu hoch gebaut werden sollte, sodass die Kinder auch selbst problemlos mit der Gießkanne die Pflanzen gießen können und auch schauen, ob Unkraut gewachsen ist, das aus dem Beet entfernt werden sollte. Eine zunehmend beliebte Variante ist es, die Europaletten zu verwenden, weil sie auch seitlich bepflanzt werden können und sie hier viele verschiedene Pflanzen in Ihrem Beet haben können. Eine Mischung aus Kräutern, Gemüse und Blumen lässt sich so problemlos unterbringen. Beachtet werden sollte, welche Pflanzen nebeneinander gepflanzt werden dürfen. Hierzu können Sie sich beim Kauf Ihres Saatguts beraten lassen. Mittlerweile gibt es auch sehr viele Gartenseiten und Do-it-yourself-Seiten, auf denen Sie die wichtigsten Antworten schnell und problemlos finden können.

Alternative zum Hochbeet ist das **klassische Beet**, das eine Umrandung benötigt, und im Vergleich dazu werden keine weiteren Materialien zum Bauen benötigt.

Als **Warnhinweis** möchte ich Ihnen an dieser Stelle das Thema **Haustiere** geben:

Ein Haustier sollte nicht Einzug halten, nur weil Sie möchten, dass Ihr Kind Verantwortung übernimmt. Tiere sind Lebewesen und es muss genau abgewogen werden, ob die Zeit, die für ein Tier benötigt wird, vorhanden ist. Außerdem sollte das Thema angesprochen werden, wer sich um das Tier kümmert und was es bedeutet, ein Tier zu haben. Die Tiere müssen versorgt werden und sie benötigen besonders in der Anfangszeit viel Aufmerksamkeit. Es sollte genau abgewogen werden, ob und wer diese Zeit aufbringen kann.

> **Am Ende sind Sie es, die sich um das Tier kümmern müssen.**

BELOHNUNGSSYSTEM

Für die meisten Kinder ist es motivierend, wenn sie für ihr Tun eine Belohnung erhalten.

Wenn sie bei alltäglichen Aufgaben, wie dem Tisch-Decken, Spülmaschine Einräumen oder Ausräumen, geholfen haben und dafür beispielsweise eine Belohnung erhalten, werden sie auch weiterhin helfen und mit der Zeit werden diese Tätigkeiten zur Routine. Sie konzentrieren sich darauf, was alles dazu gehört, um das Essen zu beginnen. So können auch schon kleinere Kinder merken, dass ein Löffel zu wenig oder ein Glas zu viel auf dem Tisch steht. Auf spielerische Weise wird geübt, sich auf die Vorbereitung des Essens zu konzentrieren.

Hierzu können auch direkt die folgenden Fragen gestellt werden:

• Welche Teller brauchen wir für das Frühstück, kleine oder große?

• Brauchen wir Suppenteller für das Mittagessen?

Diese Fragen können je nach Alter des Kindes variieren und dienen lediglich als Beispiel.

> Die **Belohnung** kann **in Form von Aufklebern oder Stempeln** erfolgen. Es kann aber tagsüber auch eine kleine Süßigkeit sein, die das Kind für die Aufmerksamkeit erhält.

LOBEN

Es muss nicht immer ein Aufkleber, Stempel oder etwas Süßes sein. Allein durch die Beachtung, die ein Kind bekommt, wenn es etwas gut gemacht hat, wird es sich daran erinnern.

> Hier gilt nicht der typisch schwäbische Ansatz: „Nicht geschimpft, ist genug gelobt."

Es sollte direkt gesagt werden, was das Kind gut gemacht hat. Häufig unterschätzt werden die Begriffe Bitte und Danke. Wenn Ihr Kind etwas tun soll, dann bitten Sie es darum. Ein mögliches Beispiel hierfür lautet: „Bitte hole die Gläser aus dem Schrank."

Das klingt anders als der folgende Satz: „Hole die Gläser aus dem Schrank." Ist es Ihnen aufgefallen? Der Satz ohne Bitte klingt sofort nach einem Befehl und die meisten Kinder werden das von Ihnen Beabsichtigte dann erst recht nicht tun. Sie merken, dass das 4-Seiten-Modell unbewusst bei jeglicher Kommunikation vorhanden ist.

Wenn Ihr Kind etwas gut gemacht hat, dann bedanken Sie sich auch dafür. Das ist eine Form der Wertschätzung, die Ihr Kind so erlernt und verinnerlicht. Ein mögliches Beispiel hierfür lautet: „Danke, dass du die Gläser aus dem Schrank geholt hast."

Auch hier wieder ein Vergleichssatz: „Ach, da sind ja jetzt endlich die Gläser auf dem Tisch." Sie merken, dass der zweite Satz klingt, als sei es eine Selbstverständlichkeit. Das ist es aber definitiv nicht und deshalb sollten Sie Ihrem Kind auch hier die entsprechende Wertschätzung entgegenbringen.

Achten Sie mal darauf, wie Sie selbst reagieren, wenn Sie um etwas gebeten werden und im Satz nicht das Wort Bitte enthalten ist? Tun Sie die Sache widerwillig oder gern? Manche werden nun sicher sagen, darauf kommt es nicht an und dass es egal ist. Ist es das aber wirklich?

Wie gern tun Sie etwas, wenn es per Aufforderung, auch Appell genannt, verlangt wird?

KONZENTRATIONSSPIELE

Es gibt zahlreiche Spiele, aber es sind nicht alle davon zu empfehlen. Für kleinere Kinder bieten sich Spiele an, bei denen sie Farben und Formen erkennen sollen. **Puzzle** und Memory sind ebenfalls für die Kleinsten sehr gut geeignet, um die Konzentration schon früh zu üben. Auch **Würfelspiele** können einige Kinder schon mit ca. 2 Jahren spielen. Es ist aber jedes Kind anders und darauf sollte eingegangen werden. Es gibt Kinder, die nicht gern puzzeln, was aber nicht bedeutet, dass sie sich deshalb besser oder schlechter konzentrieren können. Dafür spielen diese Kinder beispielsweise gern **Memory**.

> Wichtig bei den Konzentrationsspielen ist, dass die Kinder nicht zu diesen Spielen überredet werden.

Sie können Ihrem Kind zwei oder drei Spielmöglichkeiten anbieten und es darf selbst wählen, welches Spiel es gern spielen möchte.

Klassischen Kartenspiele gefallen den meisten Kindern. Mit kleineren Kindern können die Karten zuerst offen gespielt werden. In diesem Fall legt jeder Spieler seine Karten offen vor sich hin.

Für die größeren Kinder eignen sich die Kartenhalter, um die Karten auf der Hand behalten zu können. Es erfordert auch Konzentration, die Karten auf den Kartenhalter zu stecken. Das sollte nicht unterschätzt werden und kann für manche Kinder eine ernste Herausforderung darstellen. Nicht selten kommt es vor, dass der eine oder andere Trotzanfall folgt, weil das Kind sich ärgert und das Kartenspiel schon vor Beginn zu scheitern droht. Natürlich sollte niemand verzweifeln und die Karten können mit Hilfestellung für das Spiel vorbereitet werden.

Was nicht zu unterschätzen ist und ebenfalls die Konzentration fördert, ist, wenn sich **Kinder selbst Spiele ausdenken**. Vom Spielfeld zu Spielkarten oder Aktionskarten und den Figuren gestalten die Kinder alles selbst. Ich habe bereits einige gute Ideen gesehen. Es gibt da möglicherweise in den nächsten Jahren Spiele, die das Zeug zum Spiel des Jahres haben können.

Abwechslung: Immer die gleichen Spiele oder gleiche Lösungen können auf Dauer die Konzentration negativ beeinflussen. Da nur schnell die Lösung gebaut oder gesagt wird, aber erst neue Varianten dazu führen, dass das Kind sich tatsächlich konzentriert. Dennoch ist die Wiederholung wichtig, um das Gelernte auch wieder abzurufen.

VORLESEN / LESEN

Kleinere Kinder lernen, sich zu konzentrieren, indem sie aus Büchern mit vielen Bildern vorgelesen bekommen. Zwischen den Texten kann man die Kinder Sachen im Buch zeigen lassen oder sie fragen, wie bestimmte Dinge heißen. Sie sollten jedoch darauf achten, nicht immer dieselben Sachen zu fragen, sonst kann die Konzentration sehr schnell nachlassen und das Kind langweilt sich, weil es die Stellen, die es zeigen soll, schon auswendig kennt, ähnlich wie bei den Konzentrationsspielen. Sehr beliebt für kleinere Kinder ab ca. 1 Jahr sind **Bücher mit Klappen**. Hier müssen sich die Kinder darauf konzentrieren, um die Klappe passend öffnen zu können. Da die meisten Kinder neugierig sind, funktioniert das sehr schnell. So gibt es die ersten Erfolgserlebnisse und mit der Zeit können Sie Ihrem Kind Fragen zu den Texten stellen.

Weitere beliebte Bücher sind **Wimmelbücher**. In diesen Büchern müssen die Kinder genau schauen, wo sich bestimmte Dinge befinden. Je nach Anzahl der zu suchenden Gegenstände können hier bereits spielerisch Zahlen geübt werden. Sie sollten bei den Fragen variieren, weil die Kinder die Antworten auf die Fragen sonst schnell auswendig aufsagen werden. Diese Bücher sind ideal für Kinder im Alter von 2 bis 4 Jahren.

Für ältere Kinder (ab 5 Jahre) eignen sich **Lesebücher für Leseanfänger**. In der ersten Lesestufe befinden sich in den Texten auch Symbolbilder für die schweren Lesewörter. So fällt es dem Kind leichter, einen Satz flüssig zu lesen.

Sehr gut geeignet sind **Rätselhefte**. Sie bestehen aus einfachen kurzen Texten, die die Kinder selbst lesen können. Außerdem gibt es **Suchbilder** und **Wörterrätsel**. Hierbei können die Kinder erste eigene Erfolgserlebnisse erleben. Meistens befindet sich am Ende dieser Hefte ein Lösungsteil, mit dem die Kinder selbst nachschauen können, welche Aufgaben sie richtig gelöst haben. Oft befinden sich auch Ausmalbilder in diesen Heften. Genau diese Abwechslung macht die Hefte für die Kinder interessant. Zu fast allen beliebten Themen gibt es die Rätselhefte für Mädchen und Jungen.

Hat Ihr Kind bestimmte Vorlieben? Dann versuchen Sie, davon ein passendes Rätselheft zu finden. Mittlerweile gibt es eine sehr große Auswahl, die so ziemlich alle beliebten Themengebiete abdecken.

Stellen Sie nicht immer die gleichen Fragen zu den Büchern, sonst werden Sie die Konzentration nicht aufrechterhalten können.

Abwechslung bringen auch ausgeliehene Bücher. Diese könne auch Kosten sparen.

Achten Sie darauf, dass das Kind die Bücher nicht auswendig kennt.

Bewegung

Wege innerhalb des Wohnortes sollten möglichst gelaufen, mit dem Roller oder Fahrrad zurückgelegt werden. Das Kind ist so an der frischen Luft und zusätzlich in Bewegung. Viele Kinder machen das, was die Erwachsenen sich mit zunehmendem Alter abgewöhnt haben, intuitiv. Hierzu gehören unter anderem das **Klettern oder Balancieren**. Die Kinder suchen sich beispielsweise auf dem Gehweg die Stellen, auf denen sie balancieren können. Wenn die Situation es zulässt, sollten Sie diese Versuche der Kinder nicht unterbinden. Für das Klettern sind die **Spielplätze** oder auch **Klettergärten** (meistens ab 3 Jahren oder einer

Mindestgröße) ideal. In vielen Bundesländern gibt es **Kletterparks**, die sich meistens am Waldrand oder im Wald befinden. Hier ist viel Konzentration gefragt, weil sich das Kind den nächsten Schritt für sein Vorankommen überlegen muss. Kletterparks sind selbstverständlich nichts für Kinder mit Höhenangst. Lassen Sie das Kind auf dem Spielplatz die Dinge auch selbst ausprobieren, bevor Sie fragen, ob Sie helfen sollen. Kommt das Kind allein auf das Klettergerüst hoch, loben Sie es.

Es gibt sehr schöne **Entdeckerwanderwege**, auf denen die Kinder Rätsel lösen und sich an unterschiedlichen Stationen ausprobieren können. Hierzu lohnt sich der Kauf einer Wanderkarte oder das Verwenden einer der zahlreich verfügbaren Apps. Für die verschiedenen Regionen gibt es derzeit auch viele Kinder-Wanderbücher. Diese enthalten die unterschiedlichen Wanderwege und entsprechende Erklärungen der Besonderheiten. Die Themen der Wege sind sehr unterschiedlich und ebenfalls die Strecken.

Es gibt viele Wege, die Sie mit Ihren Kindern und auch kleineren Geschwisterkindern, die noch im Wagen sitzen, laufen können. Einige Wege dauern ca. eine Stunde, bei anderen Wegen kann es ein **Tagesausflug** werden. Die unterschiedlichen Themenpfade sind für die Kinder meistens sehr spannend und Sie haben Spaß an den Rätseln oder Schautafeln. Außerdem können die Kinder sich ansehen, welche unterschiedlichen Baumarten es im Wald gibt. Je nach Jahreszeit können Sie sich zusammen auf die Suche nach bestimmten Pflanzen machen. Im Frühling ist es sehr beliebt, auf den Wiesen nach den verschiedenen Frühblühern Ausschau zu halten. So werden die Kinder für die vier Jahreszeiten und deren besondere Merkmale sensibilisiert. Zu den bekanntesten Frühblühern zählen die Schneeglöckchen und die Tulpen. Letztere sind in unterschiedlichen Farben zu finden.

Wenn der Weg es zulässt, lassen Sie die Kinder auch verweilen und gehen Sie selbst weiter. Lassen Sie die Kinder bis zur nächsten Kreuzung im Wald vorauslaufen. So entdecken sie selbst Neues und empfinden mehr Freiheit und Spaß, anstatt „Beifuß" zu laufen.

Achten Sie darauf, dass Sie **bequeme Schuhe** tragen. Eine Wanderung in Flip-Flops oder auf hohen Absätzen sollte vermieden werden. Die Kinder können diese Wege in **Barfußschuhen** laufen. So stärken sie ihre Muskulatur und beugen Rückenbeschwerden vor. Wenn Sie geübte Wanderer sind, können Sie die Strecken auch in Barfußschuhen laufen. So fördern Sie die Durchblutung und Sie stärken Ihren Rücken. Anfangs kann es zu Muskelkater kommen, was aber mit jeder weiteren Wanderung nachlässt.

Ein weiterer Bewegungstipp sind **Trimm-Dich-Pfade**. Falls es keinen vorgegebenen Pfad in der Nähe gibt, können Sie sich auch selbst vier bis fünf unterschiedliche Stationen ausdenken. Mögliche Ideen hierfür sind: Seilspringen, Slalomlauf um Bäume, Balancieren auf Baumstämmen. Vorher sollten Sie selbstverständlich prüfen, ob der Baumstamm nicht zu nass und rutschig ist. Die klassischen Übungen, wie Knie- und Armbeugen, sind auch mögliche Übungen für einen Trimm-Dich-Pfad. Hierfür können Sie Theraband verwenden. Es wiegt kaum etwas und lässt sich problemlos in einem Wanderrucksack transportieren. Wichtig ist es, ausreichend Getränke mitzunehmen.

Auch das klassische **Fangen-Spielen** ist förderlich für die Konzentration, weil es bei den älteren Kindern gern als Pause zwischen Lerneinheiten genutzt wird. Durch die Bewegung ist das Kind wieder aufnahmefähig für weitere Aufgaben.

Checkliste für Bewegung im Freien

• Was benötigen Sie für Ihre Wandertour?

• Was benötigen die kleinen Entdecker?

• Welcher Weg eignet sich für warme Tage als Alternative zum Schwimmbad oder Badesee?

Ein Rucksack für ausreichend Getränke und einen kleinen Pausensnack sollten Sie packen. Die Kinder können in einem kleinen Rucksack ihr Getränk, einen Kescher, eine Becherlupe, einen Notizblock und Stifte einpacken. Ein Stoffbeutel zum Sammeln kann ebenfalls in den Rucksack eingepackt werden. Hiermit sind die Kinder gut für Expeditionen im Wald ausgerüstet.

Gesunde
Ernährung

Um sich konzentrieren zu können, benötigt man eine ausreichende Nährstoffversorgung im Körper. Wichtig ist, ausreichend über den Tag zu trinken. Hierfür eignen sich stilles oder kohlensäurehaltiges Wasser. Auch Wasser mit einem kleinen Saftanteil vermischt ist ideal. Wie Sie bestimmt wissen, wird es empfohlen, über den Tag verteilt 2 Liter zu trinken.

Abzuraten ist von zuckerhaltigen Getränken, die den Zuckerspiegel des Kindes unnötig erhöhen.

Wissenschaftler haben herausgefunden, dass sich Omega-3-Fettsäuren besonders positiv auf die Konzentration auswirken.

Was die Wissenschaft zu Omega-3-Fettsäuren bei Kindern sagt:

An einer klinischen Studie aus dem Jahr 2014 nahmen insgesamt 59 mexikanische Schüler teil, die an einer leichten bis mittelschweren Unterernährung litten. Zunächst wurden bei allen Teilnehmern die kognitiven Fähigkeiten bestimmt, anschließend erfolgte nach dem Zufallsprinzip eine Einteilung in zwei Gruppen.

Der eine Teil erhielt für drei Monate ein Nahrungsergänzungsmittel mit Omega-3-Fettsäuren, die anderen Kinder nahmen ein Scheinmedikament (Placebo) ein. Die aktive Behandlung bestand aus einer täglichen Dosis von drei Kapseln mit jeweils 60 mg DHA und 90 mg EPA. Die Placebogruppe bekam die gleiche Anzahl an Kapseln, die allerdings nur mit Sojabohnen-Öl gefüllt waren.

Anschließend wurden wiederum bei allen Studienteilnehmern die kognitiven Leistungen überprüft. Das **Ergebnis: Wahrnehmung, Aufmerksamkeit sowie die Verarbeitung äußerer Reize**

> verbesserten sich bei mehr als 70 Prozent der Schulkinder aus der Omega-3-Gruppe.

Als Snack zwischendurch bieten sich **Nüsse** an. Hier sollte darauf geachtet werden, dass keine Unverträglichkeit besteht. Besonders empfohlen sind **Walnüsse, Mandeln und Haselnüsse.** Das sogenannte „Studenten-futter" ist eine ideale Mischung, um auch hier eine geschmackliche Abwechslung zu bieten.

Walnüsse wirken der Müdigkeit entgegen und geben über den Tag einen kleinen Energieschub. Außerdem enthalten sie wertvolles Kalzium. Durch die enthaltenen Ballaststoffe sättigen die Nüsse auch zusätzlich und sind die bessere Alternative zu Schokolade oder Keksen.

Weitere Lebensmittel, die konzentrationsfördernd wirken, sind Avocado, Brombeeren, Brokkoli, Sellerie, Eigelb, Hühnerbrühe, Lachs, Sardinen und Sardellen.

Aus dieser Tabelle können Sie die Wirkung einiger konzentrationsfördernder Nahrungsmittel entnehmen:

Nahrungsmittel	Wirkung
Avocado	Aufheiterung
Brombeeren	Stärken des Immunsystems
Brokkoli	Schützt vor Krebs
Sellerie	Schützt vor Viren und Bakterien
Eigelb	Cholesterin senkend
Hühnerbrühe	Entzündungshemmend
Lachs	Beugt Herzkreislauferkrankungen vor
Sardinen	Beugen Herzkreislauferkrankungen vor
Sardellen	Unterstützen die Stärkung der Knochen
Walnüsse	Blutdruck regulierend
Mandeln	Blutdruck regulierend
Haselnüsse	Blutdruck regulierend
Extra natives Olivenöl	Blutdruck regulierend
Kokosöl	Entzündungshemmend
Rosmarin	Entzündungshemmend
Kurkuma	Entzündungshemmend
Bananen	Stärkung der Nerven
Blaubeeren	Stärkung der Hirnleistung

AVOCADO ZUR AUFHEITERUNG

Avocados haben eine positive Wirkung auf die Stimmung. Sie enthalten die Vitamine B1, B6 und E. Darüber hinaus sind Folsäure, Eisen, Magnesium, Kalium, Kupfer und Lecithin enthalten.

Da die Avocado einen cremig-nussigen Geschmack hat und aufgeschnitten auch schon für kleine Kinder gut mit einem Löffel zu essen ist, eignet sie sich besonders gut als gesunder Snack.

BROMBEEREN

Die kleinen Beeren enthalten Vitamin A und Vitamin C. Vitamin A wirkt sich nach Meinung vieler Experten positiv auf die Sehkraft aus und schützend auf die Schleimhäute. Vitamin E wirkt stärkend auf das Immunsystem.

Brombeeren haben wenig Kalorien und sind gut bekömmlich. Außerdem sind in Brombeeren wichtige Mineralstoffe enthalten. Um nur einige zu nennen, sind es Kalzium, Magnesium, Mangan und Kalium.

BROKKOLI

Brokkoli enthält die Vitamine C und K. Ebenfalls sind verschiedene Mineralstoffe wie Kupfer, Eisen und Kalzium in Brokkoli enthalten. Brokkoli kann sowohl roh als auch gekocht gegessen werden. Für den Genuss eines rohen Brokkoli können Sie diesen raspeln. Zu beachten ist, dass für Menschen mit empfindlichem Magen eine kleine Menge Brokkoli ausreichend ist, zu große Mengen Brokkoli können sonst zu Blähungen führen. Tipps für Brokkoli-Salat finden Sie auf vielen Onlineportalen.

SELLERIE

Sellerie enthält die Vitamine B, C und E. Sellerie kann im Salat oder in einer Suppe genossen werden. Sellerie kann ebenfalls roh gegessen werden. Sie sollten allerdings darauf achten, dass keine Unverträglichkeit gegen Sellerie besteht. Falls Sie oder Ihr Kind Heuschnupfen haben, ist es möglich, dass Sellerie nicht vertragen wird.

EIGELB

Die enthaltenen Vitamine sind B12, D und K. Eier stärken das Immunsystem und Forscher haben herausgefunden, dass sich ein Frühstücksei am Tag positiv auswirkt.

HÜHNERBRÜHE

Hühnerbrühe kann Entzündungsprozesse im Körper hemmen. Durch das enthaltene Zink kann eine abschwellende Wirkung erzielt werden. Hühnerbrühe ist besonders in der kalten Jahreszeit beliebt bei Kindern, weil sie von innen wärmt. Natürlich können auch Beilagen wie Suppennudeln oder Backerbsen hinzugefügt werden.

LACHS

Lachs enthält Omega-3-Fettsäuren. Sie beugen Herzkreislauferkrankungen vor. Lachs enthält Vitamin B, Selen und Kalium. Mittlerweile gibt es auch viele negative Berichte über Lachs. Sicher ist jedoch, dass eine abwechslungsreiche Ernährung zur Gesunderhaltung und zum allgemeinen Wohlbefinden beiträgt.

SARDINEN

Sardinen haben ebenfalls wie Lachs die Funktion, Herzkreislauferkrankungen vorzubeugen. In Olivenöl zubereitet, können sie bei regelmäßigem Verzehr im Alter Diabetes Typ 2 verhindern. Auch der Cholesterinspiegel wird durch den Verzehr ins Gleichgewicht gebracht.

WALNÜSSE

Walnüsse sind ideal für zwischendurch. Bitte achten Sie darauf, ob eine Unverträglichkeit besteht. Wenn dies nicht der Fall ist, können Walnüsse über den Tag statt Schokolade verzehrt werden oder auch in einer Hauptspeise als Zugabe verwendet werden. Walnüsse haben die Eigenschaft, den Blutdruck zu senken. Grundsätzlich ist das bei den meisten Kindern noch kein Thema, aber es schadet nicht, wenn sie sich schon früh an solche Snacks statt Schokolade oder zuckerhaltigen Keksen gewöhnen.

MANDELN

Mandeln enthalten Vitamin E und stärken das Immunsystem. Eine Handvoll Mandeln als Snack statt Schokolade unterstützt die Abwehrkräfte des Körpers nachhaltig. Besonders beliebt sind Mandeln beim Frühstück. Hierfür gibt es verschiedene Müslikombinationen oder Haferbrei mit Mandeln und Beeren verfeinert.

HASELNÜSSE

Haselnüsse enthalten mehrere B-Vitamine, nämlich folgende: B1, B2, B6, B7, B9 und Vitamin E. Auch die Haselnüsse wirken sich, wie alle Nüsse, unterstützend auf das Immunsystem aus. Durch das enthaltene Vitamin E sind sie entzündungshemmend und haben eine antioxidative Wirkung.

In Haselnüssen sind auch die wichtigen Mineralstoffe Eisen, Kalzium, Phosphor und Magnesium enthalten.

EXTRA NATIVES OLIVENÖL

Extra natives Olivenöl und Kokosöl haben ebenfalls einen positiven Effekt auf die Konzentration. Als extra natives Olivenöl wird der Saft der Olive direkt nach der Ernte bezeichnet. Diese Bezeichnung ist auf die EU-Olivenölverordnung zurückzuführen.

KOKOSÖL

Als Kokosöl wird das Öl aus dem Fruchtfleisch der Kokosnuss bezeichnet. Das native Kokosöl kann zum Backen oder Braten verwendet werden.

ROSMARIN

Zum Würzen kann Rosmarin gut verwendet werden.

Rosmarin eignet sich auch für das bereits beschriebene Hochbeet. Die Blätter können ganzjährig geerntet werden und verfeinern viele Gerichte. Als Energielieferant ist Rosmarin für die Konzentration besonders förderlich.

KURKUMA

Kurkuma ist Bestandteil der Ingwergewächse und in kleinen Mengen allgemein gut verträglich. Wie bei allen Lebensmitteln können allergische Reaktionen hervorgerufen werden. Wenn man Ingwer bisher gut vertragen hat, wird es mit Kurkuma voraussichtlich auch keine Probleme geben.

Kurkuma wirkt entzündungshemmend und kann auch unterstützend zur Vorbeugung gegen Krebs wirken. Studien haben gezeigt, dass das in Kurkuma enthaltene Curcumin in seiner Wirkkraft mit entzündungshemmenden Arzneimitteln verglichen werden kann.

Auch in handelsüblichen Curry-Mischungen ist Kurkuma enthalten.

BANANEN

Bananen helfen in Stresssituationen, weil sie schnell viel Magnesium enthalten und die Nerven stärken. Durch die Bananen wird im Gehirn Serotonin gebildet, was bekanntlich für Zufriedenheit und gute Laune sorgt. Gegen das Hungergefühl „zwischendurch" hilft eine Banane längerfristig.

BLAUBEEREN

In den Blaubeeren sind die folgenden Vitamine enthalten: A, B, C und E. Zusätzlich enthalten sie die Mineralstoffe Eisen, Kalium, Magnesium und Kalzium.

Schon im Mittelalter erkannte Hildegard von Bingen, dass die Beeren positiv auf den Körper wirken. Allerdings können sie bei übermäßigem Verzehr zu Bauchschmerzen führen. Deshalb sollte maximal eine Handvoll Beeren täglich verzehrt werden, um den positiven Effekt beizubehalten.

Rezepttipps

Wie Sie bereits im Ernährungskapitel lesen konnten, ist eine ausgewogene und gesunde Ernährung wichtig, um die Konzentration zu unterstützen.

In diesem Rezeptteil erhalten Sie nun einige Vorschläge, um gesundes Essen in Ihren Wochenplan zu integrieren. Manche Kinder mögen beispielsweise keinen Brokkoli oder Avocado. Verarbeitet in Suppen oder Dips, kann so manches Gesundes unbewusst mit einem „Mmh, schmeckt das lecker" aufgegessen werden.

AVOCADO-QUARKCREME

Es muss nicht immer ein Käse- oder Wurstbrot sein. Dieses Rezept für einen gesunden Brotaufstrich mit Avocado sollten Sie probieren.

Die **Zubereitungszeit** beträgt ca. **10 Minuten**.

Zutaten:

- *1 Avocado*
- *100 g Quark*
- *1 Spritzer Zitronensaft*
- *1 Messerspitze Pfeffer*
- *1 Messerspitze Salz*

Zubereitung:

1. Zuerst sollten Sie die Avocado entkernen und in kleine Stücke schneiden. Die Schale sollten Sie ebenfalls entfernen.

2. Die geschnittenen Stücke der Avocado vermischen Sie mit Quark, Pfeffer, Zitronensaft und Salz. Hierfür verwenden Sie am besten einen Pürierstab.

3. Je nach Geschmack können Sie auch Kürbiskerne oder Sesamkerne untermischen.

AVOCADO-TOAST MIT EI

Möchten Sie schon das Frühstück mit Avocado und Ei starten? Dann erhalten Sie hier ein Rezept, dass Sie problemlos variieren können.

Die **Zubereitungszeit** beträgt ca. **10 Minuten**.

Zutaten:

- *1 Avocado*
- *4 Eier*
- *4 Scheiben Toast oder andere Brotsorten*

Zubereitung:

1. Sie entkernen zuerst die Avocado, entfernen die Schale und schneiden das Fruchtfleisch in schmale Streifen.

2. Die Eier schlagen Sie in eine beschichtete Pfanne auf und erhitzen diese.

3. Anschließend legen Sie das Ei auf das Toastbrot oder wahlweise eine andere Brotsorte.

4. Die geschnittenen Streifen legen Sie darüber.

5. Je nach Belieben können Sie mit Salz, Pfeffer oder anderen Gewürzen nachwürzen.

MINI-BANANEN-MUFFINS

Dieses Rezept ist schon für die Kleinsten als Zwischenmahlzeit geeignet. Besonderer Vorteil an diesem Rezept ist, dass Sie einen süßen Snack für zwischendurch erhalten, ohne zusätzlich Zucker zu verwenden. Das im Rezept angegebene Dinkelmehl können Sie durch eine andere Mehlsorte ersetzen. Das Weinsteinbackpulver kann ebenfalls durch ein anderes Backpulver ersetzt werden.

Zubereitungszeit: ca. **30 Minuten** (inklusive Backzeit)

Zutaten:
- *2 Bananen*
- *100 ml Milch*
- *2 Eier*
- *150 g Mehl, idealerweise Dinkelmehl*
- *1 TL Backpulver, idealerweise Weinsteinbackpulver*
- *Nüsse, Rosinen*

Zubereitung:

1. Die Bananen werden in kleine Stücke geschnitten und in einer Schüssel zerdrückt.

2. Die Milch wird mit den Eiern verrührt und zur Banane dazu gegeben.

3. Das Mehl separat mit dem Backpulver vermischen und im Anschluss Stück für Stück zur Bananenmasse dazu geben. Wer sich dazu entscheidet, Nüsse oder Rosinen zu verwenden, sollte sie in diesem Schritt dazu geben.

4. Der Teig sollte in die Muffinformen verteilt werden und bei 180 Grad auf Ober-/Unterhitze 15 bis 20 Minuten gebacken werden.

VEGANE BLAUBEEREN-MUFFINS

Die Muffins sind ein idealer Sommersnack und sowohl für das Frühstück als auch zur Zwischenmahlzeit geeignet.

Die **Vorbereitungszeit** beträgt **15 Minuten** und die **Backzeit** beträgt ca. **25 Minuten**.

Zutaten:

Trockene Zutaten:
- *100 g Hafermehl*
- *140 g Dinkelmehl oder Weizenmehl*
- *1 ½ TL Backpulver*
- *¼ TL Natron*
- *¼ TL Salz*

Feuchte Zutaten:
- *180 ml Milch*
- *105 g Ahornsirup*
- *30 g Öl*
- *1 EL Zitronen oder-Limettensaft*
- *1 ½ TL Vanille-Extrakt*
- *150 g Blaubeeren*

Zubereitung:

1. Das Hafermehl können Sie vorab selbst herstellen. Hierfür benötigen Sie Haferflocken, die Sie beispielsweise mit einem Mixer bearbeiten, bis feines Mehl entsteht. Alternativ kann auch eine Gewürzmühle verwendet werden.

2. Der Ofen sollte zuerst auf 180 Grad vorgeheizt werden. In einer kleinen Schüssel vermischen Sie die Milch oder Pflanzenmilch mit dem Zitronensaft und stellen diese beiseite. Wenn keine klassische Milch verwendet wird, stellen Sie mit der Pflanzenmilch und dem Zitronensaft eine vegane Buttermilch her.

3. Währenddessen vermischen Sie alle trockenen Zutaten in einer separaten Schüssel. Wenn diese Zutaten vermischt sind, geben Sie die feuchten Zutaten dazu. Zuletzt heben Sie die Blaubeeren unter.

4. Der Teig kann nun in die Muffinformen verteilt werden. Die gebackenen Muffins können nach dem Abkühlen bis zu 5 Tage im Kühlschrank oder bis zu 3 Monate im Kühlfach aufbewahrt werden.

KICHERERBSEN-PIZZA MIT AVOCADO

Die benötigte **Gesamtzeit** beträgt **45 Minuten**.

Zutaten:

- *2 Portionen glutenfreier Pizzaboden*

Soße:

- *4 EL Olivenöl*
- *240 g Tomatensoße*
- *8 EL Kokosmilch (Dose)*
- *2 EL Balsamicoessig*
- *2 TL Kokosblütenzucker*
- *Gewürzmischung (1 TL geräucherte Paprika, Zwiebelpulver, Knoblauchpulver)*
- *Meersalz, Pfeffer*

Weitere Zutaten:

- *2 Portionen vegane Käsesoße*
- *2 Avocado*
- *2 Dosen (425 g) Kichererbsen*

Zubereitung:

1. Der Ofen sollte auf 200 Grad vorgeheizt werden.

2. Für die Soße: 1 EL Öl und die weiteren Soßen-Zutaten in eine Schüssel geben und verrühren. 3 bis 4 EL der Soße auf die Seite stellen und den Rest der Soße auf dem Pizzaboden verteilen.

3. Die Pizza so 10 Minuten im Ofen backen.

4. Währenddessen erhitzen Sie 1 EL Öl in der Pfanne und geben hier die restliche Soße und die Kichererbsen hinzu.

5. Diese Mischung verteilen sie mit dem Käse nach den 10 bis 15 Minuten auf der Pizza und lassen diese damit für weitere 10 Minuten im Ofen backen.

6. Schälen Sie nun die Avocado und entfernen den Kern. Schneiden Sie die Avocado in Stücke und verteilen Sie diese kurz vor dem Servieren auf der Pizza.

7. Je nach Geschmack können Sie die fertig gebackene Pizza noch mit Meersalz, Pfeffer oder anderen Gewürzen verfeinern.

PIZZAKARTOFFELN

Probieren Sie doch statt einer klassischen Pizza mal Pizzakartoffeln aus. Vorteil hierbei ist, dass sie mehrere Kartoffelscheiben belegt haben und diese auch am nächsten Tag oder auch mal unterwegs genießen können. Gerade die Kinder können in diese Vorbereitung sehr gut einbezogen werden, wenn es um das Belegen der einzelnen Kartoffelscheiben geht.

Die **Zubereitungszeit** inklusive der Backzeit beträgt ca. **50 Minuten**.

Zutaten:

- *7 große Kartoffeln*
- *je 1 kleine Schüssel mit klein geschnittenen Zucchini, Paprika und Tomaten*
- *Mais und Bohnen, je nach Geschmack*
- *1 TL Öl*
- *Salz*
- *Käsesoße, selbst zubereitet oder gekauft*
- *Oregano*

Zubereitung:

1. Die Kartoffeln sollten Sie in nicht zu dicke Scheiben schneiden. Ca. 1 cm dick ist hierfür ausreichend. Achten Sie darauf, dass Sie größere Scheiben verwenden, sonst können Sie den Belag nicht richtig verteilen.

2. Die kleineren Stücke der Kartoffeln können Sie ebenfalls klein schneiden und zusätzlich zum Belag verwenden.

3. Das Backblech sollte vor dem Verteilen der Kartoffelscheiben eingeölt werden.

4. Sobald die Kartoffelscheiben verteilt sind, können Sie den Belag und im Anschluss jeweils einen Klecks Käsesoße verteilen.

5. Im auf 180 Grad vorgeheizten Backofen benötigen die Pizzakartoffeln 20 bis 30 Minuten Backzeit.

6. Wenn Sie möchten, können Sie auf die fertig gebackenen Kartoffelscheiben noch etwas Oregano zum Verfeinern verwenden.

SÜSSKARTOFFEL-LACHS-STÄB-CHEN

Zutaten:

- *Ca. 300 g geschälte Süßkartoffeln*
- *5 EL Milch*
- *250 g Lachsfilet*
- *75 g Erbsen*
- *1 Ei*
- *100 g Weißbrot*
- *2 Stangen Frühlingszwiebeln*
- *Zitronensaft (den Saft einer halben Zitrone auspressen)*
- *Muskatnuss, Pfeffer, Dill*

Zubereitung:

1. Nach dem Schälen und Klein-Schneiden der Süßkartoffeln kochen Sie diese in einem Topf, bis sie weich werden. Nehmen Sie diesen Topf nun vom Herd. Nachdem die Süßkartoffeln etwas abgekühlt sind, geben Sie diese mit der Milch und etwas geriebener Muskatnuss in einen Mixer und pürieren Sie die Mischung.

2. Schneiden Sie das Lachsfilet nun in kleine Stücke und träufeln den Zitronensaft darüber. Wenn Sie mögen, können Sie auch etwas Dill zum Würzen verwenden. Stellen Sie dies nun für 10 Minuten beiseite.

3. Schneiden Sie währenddessen das Brot in kleine Würfel. Je nachdem, welches Brot Sie verwendet haben, sollten Sie auch die Rinde entfernen.

4. Als Nächstes schneiden Sie die Frühlingszwiebeln klein und vermischen diese mit Erbsen, Ei, Lachs, Brotwürfeln und dem Süßkartoffelpüree.

5. Wenn Sie alles gut vermischt haben, können Sie daraus mehrere Stäbchen oder als Alternative auch Kugeln formen.

6. In dem auf 180 Grad bei Umluft vorgeheizten Backofen lassen Sie die Stäbchen oder Kugeln ca. 15 Minuten backen. Nach dem Backen sollten sie goldbraun aussehen.

7. Noch abkühlen lassen und mit etwas Fingerfood in Form von Tomaten, Paprika und Karotten genießen.

ROSMARINKARTOFFELN MIT GEMÜSE

Zutaten:

- *ca. 800 g Kartoffeln*
- *1 EL Olivenöl*
- *1 EL Rosmarin*
- *1 TL grobes Meersalz*
- *Knoblauch und Chili können Sie nach Bedarf verwenden*

Zubereitung:

1. Während der Ofen bei 200 Grad Ober-/Unterhitze vorheizt, waschen und halbieren Sie die Kartoffeln.

2. Falls Ihnen die halbierte Kartoffel noch zu groß ist, können Sie diese auch vierteln. Um die Nährstoffe aus der Schale auch genießen zu können, sollten Sie die Kartoffeln nicht schälen.

3. Die Rosmarinnadeln können zerkleinert oder in der ursprünglichen Form verwendet werden. Die Erfahrung zeigt allerdings, dass es von Vorteil ist, die Nadeln zu zerkleinern.

4. Rosmarin, Salz und weitere Gewürze sollten vermischt und auf dem Gitterrost verteilt werden.

Verwenden Sie darunter Backpapier, da das Öl sonst im Ofen heruntertropft.

5. Die Kartoffeln sollten ca. 20 Minuten bei 200 Grad im Ofen bleiben. Nach ca. 15 Minuten können Sie die Temperatur noch etwas erhöhen, auf ca. 250 Grad. Wenn Sie mögen, streuen Sie für diese letzten Minuten noch etwas Parmesan oder anderen Käse über die Kartoffeln.

6. Zu den Rosmarinkartoffeln können Sie Gemüse servieren. Besonders geeignet sind hierfür Karotten und Erbsen mit Zwiebeln. Frisch, aus der Dose oder aus dem Tiefkühlfach bleibt Ihnen überlassen.

Es gibt noch weitere Tipps zur gesunden Ernährung. Wenn Sie darüber mehr erfahren möchten, schauen Sie in die Quellenangaben. Dort habe ich Ihnen einige Blogs und den einen oder anderen Buchtipp aufgelistet. Lassen Sie sich inspirieren und probieren Sie auch mal Kombinationen aus, die Sie anfangs nicht überzeugt haben.

Erwartungen erfüllt?

E ine Frage, die immer mal wieder gestellt wird. Die Fragen müssten allerdings eher lauten: „Konnte ich mit diesem Buch Tipps für mich erhalten, die ich auch umsetzen kann?"

„Hatte ich Spaß bei den Übungen?" Wenn Sie merken, dass Sie es nicht zu verbissen sehen, dass Ihr Kind eine bestimmte Leistung erbringen soll, wird sich das in Ihrem Kind widerspiegeln. Konzentration kann erlernt werden. Allerdings haben Sie mit großer Wahrscheinlichkeit beim Lesen des Buches gemerkt, dass es Ihnen und natürlich Ihrem Kind nicht immer leichtfällt, sich zu konzentrieren. Es gibt tagtäglich viele Einflüsse, die auf uns wirken und die von der eigentlichen Tätigkeit, die Sie sich vorgenommen haben, ablenken können. Die Kunst besteht darin, sich auf die wesentlichen Dinge zu fokussieren, sich aber auch entsprechende Pausen zu gönnen.

Sie haben sicherlich bei der Durchführung mancher Übungen gemerkt, dass es auch mal anstrengend werden kann. Bevor es dann zur nächsten Etappe weitergeht, sollte eine kurze Pause in Form eines kleinen Snacks oder einer kurzen Runde an der frischen Luft eingeplant werden. Dazu einfach die Picknickdecke und Proviant einpacken und sich einen schönen Platz für die Pause aussuchen. Einige Vorschläge haben Sie bereits erhalten und vielleicht haben Sie auch die eine oder andere eigene Idee.

Versuchen Sie, so gut es geht, die Übungen in Ihren Alltag zu integrieren. Suchen Sie sich die für Sie passenden Übungen für den Anfang aus. Wenn diese Übungen funktionieren, wagen Sie sich auch an die Übungen, die Ihnen möglicherweise nicht auf Anhieb zusagen.

In dem Bewegungsteil des Buches haben Sie viel über die möglichen Unternehmungen mit Ihren Kindern erfahren können. Manchmal können Sie auf den Seiten des entsprechenden Landkreises die zugehörigen Rätsel zu den Wegen ausdrucken und diese dann unterwegs lösen. Oft müssen Sie nicht weit fahren und haben einige bisher unbekannte Wege in unmittelbarer Nähe. Achten Sie mal darauf.

Ein weiterer Tipp für Pausen können auch Entspannungsreisen als Hörbuch sein. Die Yogalehrerin Caroline Clauder nimmt die Kinder 60 Minuten mit auf Entspannungsreise. Eine Hörbuchprobe hierzu können Sie sich vorab anhören. Die Lesung ist begleitet von Klängen, Geräuschen und Musik. Schulkinder erhalten so Abstand zum Alltag. Sie werden so in ihrer Kreativität und Konzentration gefördert. Gerade an den Wochenenden oder nach einem anstrengenden Tag kann Ihr Kind sich so entspannen, ohne dass Sie direkt einbezogen sind. Oder nehmen Sie selbst für Ihr Kind eine Fantasiereise auf. Das ist sehr persönlich und Sie als Eltern kennen die Interessen Ihres Kindes meistens am besten.

Herstellung und Verlag:

BoD – Books on Demand, Norderstedt

ISBN: 9783755777434

1. Auflage

Kontakt: Psiana eCom UG/ Berumer Str. 44/ 26844 Jemgum

Covergestaltung: Fenna Larsson

Coverfoto: depositphotos.com